Niilismo

Coleção **PASSO-A-PASSO**

CIÊNCIAS SOCIAIS PASSO-A-PASSO
Direção: Celso Castro

FILOSOFIA PASSO-A-PASSO
Direção: Denis L. Rosenfield

PSICANÁLISE PASSO-A-PASSO
Direção: Marco Antonio Coutinho Jorge

Ver lista de títulos no final do volume

Rossano Pecoraro

Niilismo

ZAHAR

Capa
Sérgio Campante

CIP-Brasil. Catalogação na fonte
Sindicato Nacional dos Editores de Livros, RJ

P386n Pecoraro, Rossano
Niilismo / Rossano Pecoraro. — 1ª ed. — Rio de Janeiro: Zahar, 2007.
(Passo-a-passo; 79)

Inclui bibliografia
ISBN 978-85-378-0017-1

1. Niilismo (Filosofia). I. Título. II. Série.

07-2225 CDD: 149.8
CDU: 165.721

EDITORA SCHWARCZ S.A.
Praça Floriano, 19, sala 3001 — Cinelândia
20031-050 — Rio de Janeiro — RJ
Telefone: (21) 3993-7510
www.companhiadasletras.com.br
www.blogdacompanhia.com.br
facebook.com/editorazahar
instagram.com/editorazahar
twitter.com/editorazahar

FSC
www.fsc.org
MISTO
Apoiando o manejo florestal responsável
FSC® C128038

A marca FSC® é a garantia de que a madeira utilizada na fabricação do papel deste livro provém de florestas que foram gerenciadas de maneira ambientalmente correta, socialmente justa e economicamente viável, além de outras fontes de origem controlada.

Esta obra foi composta por TopTextos Edições Gráficas em Minion e Frutiger e impressa em processo sob demanda pela Um Livro sobre papel offset para a Editora Schwarcz a partir de 2024

Sumário

Introdução

A corrosão, a desvalorização, a morte do Sentido. A falta de finalidade, de resposta ao "porquê". Os valores tradicionais depreciam-se; princípios e critérios absolutos dissolvem-se. A bússola, que outrora nos orientava, apesar das crises, das rupturas, das ilusões, da substituição frénetica de rotas, explodiu em nossas mãos. A vertigem subverte pensamento e ação. Filosofia, arte, política, moral; a cultura, a sociedade, as crenças, as instituições, tudo é sacudido, posto radicalmente em discussão. A superfície, antes congelada, das verdades e dos valores tradicionais está despedaçada e torna-se difícil prosseguir no caminho, avistar um ancoradouro. É o niilismo — conceito fundamental, imprescindível para compreender o pensamento filosófico dos últimos dois séculos —, signo do nosso tempo, fenômeno ubíquo, complexo, multifacetado; ao mesmo tempo, causa, patologia e oportunidade.

De modo geral, é possível considerar o niilismo um movimento "positivo" — quando mediante um labor de crítica e desmascaramento nos revela a abismal ausência de cada fundamento, verdade, critério absoluto e universal e, portanto, convoca-nos diante da nossa própria liberdade e responsabilidade, agora não mais garantidas, nem sufocadas ou controladas por nada. Pode-se considerá-lo também um movimento "negativo" — quando a acentuar-se, nessa dinâmica, são os traços destruidores e iconoclastas, como os do declínio, do ressentimento, da incapacidade de avançar, da paralisia, do "tudo-vale" e do perigoso silogismo: se Deus (a verdade, o princípio) está morto, então tudo é permitido.

Mas o que é, propriamente, o niilismo? Qual é a sua trama? Quais são as fibras que compõem a história do termo, do conceito e dos seus problemas? De que modo se daria o seu *ultrapassamento* (que não é — atente-se — simples superação dialética, mas sim contramovimento inaudito de sentido)?

O termo niilismo deriva do latim *nihil*, nada. Essa origem revela um primeiro sentido do conceito, que remete a um pensamento fascinado e obcecado pelo nada. Seguindo tal perspectiva o niilismo poderia ser encontrado ao longo de toda a história do pensamento ocidental: do sofista Górgias (c.490-c.388 a.C.) — com as célebres teses nada é; e se alguma coisa fosse, não poderia ser conhecida; e se fosse conhecível, seria inexprimível — à mística e à teologia negativa; do poeta e filósofo italiano Giacomo Leopardi (1798-1837) — o nada é o princípio de Deus e de todas as coisas — à pergunta fundamental "por que o ser e não, antes, o nada?"; de Wilhelm Gottfried Leibniz (1646-1716) e Friedrich Wilhelm Joseph Schelling (1775-1854), ao chamado "pessimismo" de Arthur Schopenhauer (1788-1860).

Na realidade as relações entre o niilismo, o nada e a negação são muito mais radicais, complexas e profundas do que se possa imaginar. Seja como for, os estudos mais importantes sobre o tema separam nitidamente os dois conceitos, pondo de lado o nada para se concentrar no niilismo considerado como *fenômeno histórico*, um evento ligado à modernidade e à sua crise. Niilismo no sentido estrito, portanto, tal como surgiu na filosofia do século XIX e depois, com uma intensa força contaminadora, especialmente no século XX, e cuja análise é orientada por uma série de pressupostos. Quando o termo é utilizado pela primeira vez? Quando, e em que contexto, o conceito é utilizado filosoficamente? Qual é a razão essencial do aparecimento do niilismo? Quando e como o mais inquietante e perturbador de todos os hóspedes, como o definiu Friedrich Wilhelm Nietzsche (1844-1900), penetrou em nossos lares?

As primeiras ocorrências do termo remontam à Revolução Francesa quando foram definidos como "niilistas" os grupos "que não eram nem a favor nem contra a Revolução". Um membro da Convenção, barão de Cloots, declarou no seu discurso de 26 de dezembro de 1793 que "a República dos direitos do homem não é nem teísta nem atéia, é niilista". De todo modo, e para além das indicações etimológicas e lexicográficas, o primeiro uso propriamente filosófico do conceito é localizado no final do século XVIII — em meio aos debates e as controvérsias que caracterizam a fundação do idealismo —, mais especificamente na carta, escrita em 1799, de Friedrich Heinrich Jacobi (1743-1819) a Johann Gottlieb Fichte (1762-1814) na qual o idealismo é acusado de ser um niilismo. Filósofos como Friedrich von Schlegel (1772-1829) e Georg Wilhelm Friedrich Hegel (1770-1831) intervêm na discussão servindo-se do termo. Na Rússia, uma vez transposto do restrito âmbito filosófico e literário para o plano social e político, o niilismo passa a designar um movimento de rebelião contra a ordem estabelecida, o atraso, o imobilismo da sociedade e os seus valores. É com Nietzsche que a reflexão filosófica sobre o niilismo alcança o seu mais alto grau, com um pensamento radical que mostra as origens mais remotas do fenômeno, vale dizer, o platonismo e o cristianismo, e não só diagnostica a doença do nosso tempo como tenta indicar um remédio.

O século XX, século do niilismo, abre-se com a morte de Nietzsche e com a crise de uma Razão que sucumbirá aos horrores de duas guerras mundias, do fascismo e do nazismo, do Holocausto e de Auschwitz. O niilismo infiltra-se, encontra a projetualidade onipotente da ciência e da técnica, impregna a atmosfera cultural de toda uma época, transforma-se em uma "categoria" fundamental no laboratório filosófico contemporâneo. Nesse sentido, entre os momentos mais significativos, podemos destacar o confronto entre Martin Heidegger (1889-1976) e Ernst Jünger (1895-1998) em torno do "ponto zero" do niilismo e do seu ultrapassamento; o renovado e mais intenso interesse pelo pensamento nietzschiano na França (a chamada "*Nietzsche-renaissance*"), em especial as reflexões de Gilles Deleuze (1925-95); a filosofia desesperada e negativa de Emil Cioran (1911-95); a idéia de niilismo como essência da civilização ocidental de Emanuele Severino (n.1929); a desconstrução de Jacques Derrida (1930-2004); as reflexões sobre niilismo e sentido de Jean-Luc Nancy (n.1940); e o "pensamento fraco" e a apologia do niilismo de Gianni Vattimo (n.1936).

Após ter tracejado rápida e sinteticamente o horizonte histórico-conceitual do niilismo e ter deixado vir à luz uma série de questões, torna-se possível examinar de maneira mais detalhada as obras e os autores que se confrontaram com ele de forma marcante.

As primeiras ocorrências: de Jacobi a Stirner

A crítica de Immanuel Kant (1724-1804) visava à salvação da Razão, ameaçada por metafísicas antagônicas e ambiciosas, mediante a sua própria limitação. Para tanto é necessário não apenas arraigar o mundo empírico em "algo" mais objetivo, estável, independente, que garanta a solidez do sistema (ou seja, as categorias, as formas *a priori* do nosso compreender e conhecer), bem como estabelecer a rigorosa proibição de ir além do âmbito da experiência (a coisa em si, o sentido, a verdade absoluta não podem ser conhecidos; têm de ser racionalmente evitados, neutralizados).

Adotando um radical subjetivismo transcendental, Fichte teria levado a efeito o projeto kantiano edificando um sistema absolutamente destruidor da religião e das verdades, das evidências do senso comum. É essa a acusação que Jacobi dirige a Fichte na carta de 1799, tachando o seu idealismo de niilismo. Na opinião de Jacobi essa arrogância subjetivista — que tudo produz — dissolveria não só o universo dos valores consolidados, como a própria natural certeza da realidade que se reduziria a um invólucro, a um espaço vazio à mercê de uma onipotência subjetiva quase blasfema. Segundo Jacobi, o processo mediante o qual o Eu produz o mundo e subjuga a realidade leva necessariamente ao niilismo e ao ateísmo, em uma pretensiosa progressão que é considerada uma imitação cômica da criação divina.

O uso do termo, de resto, não é ocasional ou esporádico. O próprio Jacobi o utiliza em outros escritos. Na Alemanha daquela época, "niilismo" é considerado um "vocábulo fundamental nas discussões sobre o idealismo" e o *Dicionário universal de bolso das ciências filosóficas* (1828) dedica-lhe um verbete *ad hoc*. Pesquisas lexicais comprovam o uso do termo por outros pensadores, poetas e artistas da fase Romântica, antes da carta a Fichte.

Além de Jacobi, outros filósofos como Schlegel e Hegel serviram-se, no mesmo período, do termo e do conceito de niilismo. Em *Fé e saber* (1802), o jovem Hegel irrompe na controvérsia entre Jacobi e Fichte e os acusa de permanecerem prisioneiros de um estéril dualismo. Contra o primeiro, afirma a necessidade do "niilismo da filosofia transcendental", julgado como um passo metodológico fundamental e inevitável. Mas ao mesmo tempo critica Fichte por não ter conseguido superar o relativismo em que se enclausura a sua filosofia, cujo movimento seria absolutamente incapaz de alcançar o pensamento puro, no qual a dicotomia ontológica com o ser poderia encontrar a sua resolução e a sua superação. O gesto inicial é aqui a im-posição do nada: a "primeira tarefa da filosofia", a "tarefa do niilismo", é a de alçar-se ao "conhecimento do nada absoluto", isto é, chegar à "consumação do verdadeiro nada".

A *Zerrissenheeit* (o conflito, a laceração que permeiam tanto o homem quanto o universo) exprime-se, na lenta transição pós-idealista, nas líricas de Heinrich Heine (1797-1856) e nos escritos de Georg Büchner (1813-37). Transparece neles o desencanto, a cisão originária, a desilusão perante uma natureza amoral, indiferente, insensata, e a consciência melancólica da definitiva perda de uma realidade ideal à qual se acompanha um fazer literário, que é polêmico e dissolutivo, sempre engajado em desmascarar o caráter ilusório de tudo aquilo que existe.

Único. Sem propriedades a não são ser a sua individualidade; movido por uma cólera, uma ira iconoclasta, uma vontade de potência criadora e anárquica que pulveriza quaisquer tentativas de confiar à existência um sentido (transcendente, metafísico) para além de si própria. São estes os traços da posição de Max Stirner (1806-56) expressos em *O Único e a sua propriedade* (1844), em que o niilismo se revela como negação e rejeição de todo fundamento e toda verdade que transcendam a existência originária e irrepetível do indivíduo.

O niilismo literário russo

Uma sedição niilista. Uma rebelião contra a ordem estabelecida, o atraso, o imobilismo da sociedade russa; um conflito entre gerações, valores, perspectivas; um furor iconoclasta que demole ídolos e antigas certezas. O romance de Ivan Turgueniev (1818-83), *Pais e filhos* (1862), é perpassado por estes motivos condutores. A obra teve o mérito, além da pretensa paternidade reivindicada pelo autor nas suas memórias, de popularizar o termo e um aspecto, parcial mas importante, do conceito de niilismo.

O protagonista do romance — cujo pano de fundo histórico é a Rússia de 1859, dois anos antes da libertação dos servos da gleba — é Bazarov, um jovem médico que visita um amigo, o aristocrata Arcádio, na casa de campo onde mora com a família. À definição do niilista como um "homem que não se curva diante de nenhuma autoridade, que não admite como artigo de fé nenhum princípio, por maior que seja o respeito que o envolve", o fidalgo Pavel Petrovitch replica que sem princípios não se pode avançar um passo, não se pode sequer respirar. E desafiando os "niilistas" que estão na sua frente afirma: "Sim... veremos como podereis existir no vazio, no espaço sem ar." As reações e análises da época concentraram-se, criticando-o com veemência, no significado político-social do romance. "Veja o que fizeram os seus niilistas! Incendiaram São Petersburgo" disse ao escritor um conhecido encontrado nas ruas depois do incêndio que destruíra os prédios do grande mercado da cidade. E uma senhora, terminada a leitura do livro: "Nem pais nem filhos; eis o verdadeiro título do seu romance. E, por sinal, o senhor mesmo é um niilista." Turgueniev lembra nas suas memórias que utilizou o termo não no sentido de uma reprovação, nem com o intuito de mortificar, mas sim como expressão precisa e exata de um fato real e histórico. O efeito, porém, não foi o esperado; e o termo niilista transformou-se em um instrumento de condenação, em um estigma de infâmia.

O que poderíamos definir como o "niilismo ético-metafísico" de Fiodor Dostoievski (1821-81) representa um momento fundamental na história das idéias contemporâneas. Não apenas pela enorme influência na cultura literária e filosófica e no clima espiritual da época, como pela extraordinária potência da sua configuração do universo no qual o homem e Deus, o mal e o ser rivalizam em uma rixa suicida. Talvez ninguém tenha conseguido exprimir a laceração na qual afunda o mundo, a sua corrupção e a sua redenção, como Dostoievski e seus personagens. A cisão, a queda, as potências tenebrosas e as forças antagônicas escavam voragens no Eu e no seu duplo que cada um de nós arrasta consigo. Opostos inconciliáveis, hóspedes indistintos cuja explosiva e súbita irrupção — trate-se de revolta ou condescendência, indignação ou complacência, crime ou martírio — revela em toda a sua perversão, como em todo o seu esplendor, a dialética trágica, originária e eterna, entre mal e bem, fé e ateísmo, desejo de unidade e elã destruidor. Um emblemático afresco niilista e ético-metafísico de incomparável significado, no qual ao lado de sofrimento, desespero, morte há sempre uma chance de salvação, um gesto de caridade, afeto, solidariedade. Em outros termos, é possível detectar nos escritos de Dostoievski, principalmente nos grandes romances da maturidade, uma espécie de "princípio fundamental", ou seja, a duplicidade da alma humana, o movimento antagônico que a dilacera, o conflito entre o Eu e o seu duplo. Um núcleo existencial que se alçará a uma dimensão ontológico-religiosa, exprimindo não só o niilismo que a deflagra e a atravessa, como (e principalmente) a possibilidade ética e transcendente de uma salvação.

Daremos apenas alguns, problemáticos, exemplos. Em *Os demônios* (1873), o ateu Nicolai Stavrogin, o "anjo negro" depravado e indiferente, cínico, bonito e soberbo, o luciferino niilista ante o qual relampeja a fé e uma chance de redenção, que ele rejeita enforcando-se na mansarda da mãe. Ou o célebre Kirillov, que se deixa orientar por uma radical negação da transcendência e pela utopia de um homem novo, capaz de dizer sim à indiferença e de afirmar a equivalência entre a vida e a morte. Deus, raciocina Kirillov, nada mais é que uma invenção do homem do rebanho, um artifício necessário para viver sem se matar: esta é a única e verdadeira essência da história universal. Deus existe apenas como terror: do sofrimento, da morte e do desespero. Aquele que conseguirá vencer este terror, pela proclamação do arbítrio, será Deus. "Todos são infelizes, porque todos têm pavor de proclamar o arbítrio", destarte ele derrota a maldição do homem e fornece a prova da sua liberdade. Aquele que descobre primeiro o entendimento de que não há Deus tem de se matar para demonstrá-la. Kirillov o fará — mata-se, assassinando Deus (o sentido, o princípio, a verdade) através do seu suicídio.

Em *Os irmãos Karamazov* (1881), as terríveis acusações do Grande Inquisidor tracejam uma forma do niilismo dostoievskiano; os vários epílogos dos personagens principais do romance são realmente fundamentais porque é neles que devem ser procurados os alicerces do poderoso esforço positivo e regenerador (metafísico, religioso, ético) de Dostoievski. Há o percurso apontado pelo padre Zosima, com uma generosa e incessante dedicação aos outros; o de Dimitri, condenado injustamente a trabalhos forçados, com a aceitação das tribulações, a assunção do sofrimento e da responsabilidade como único caminho para a redenção do mundo; e o de Ivan, que só triunfando do "tudo é permitido" e das seduções dos seus demônios interiores poderá acolher o anúncio cristão da salvação.

Dostoievski evoca uma transfiguração espiritual, uma renovação, uma transformação radical e fideísta cuja plena realização se torna possível apenas quando morrem o mal, o ressentimento e o egoísmo que se abrigam dentro da nossa alma. É o testamento espiritual de um gênio luciferino que tentou demonstrar a necessidade do amor, da fé e da caridade, mediante um terrível afresco niilista da alma humana e dos subsolos que abriga.

Nietzsche e a "morte de Deus"

Não é um exagero considerar Nietzsche o maior profeta e teórico do niilismo. Com efeito, é com ele que o niilismo se eleva histórica e conceitualmente a objeto e questão cardeais da especulação filosófica, quase um "ponto de estrangulamento" — a parte crítica de um problema cuja resolução abriria caminho para a compreensão, a "solução" do todo.

O termo é utilizado pela primeira vez nas notas do verão de 1880. No entanto, Nietzsche já percebera antes a importância do fenômeno e os seus traços marcantes não só seguindo o motivo da "morte de Deus", como enfrentando os desafios postos pela sua própria elaboração, desde *O nascimento da tragédia* (1872) à chamada *A vontade de potência*, isto é, os fragmentos escritos nos anos 1885-89. É preciso assinalar aqui as influências (sucessivamente renegadas ou sutilmente reconhecidas e aproveitadas) de Schopenhauer, da "escola do pessimismo" alemão, de Dostoievski, Leopardi, e de Paul Bourget (1852-1935) — romancista e crítico literário francês cuja "teoria da decadência" constitui uma das principais bases da reflexão nietzschiana.

Essencialmente são dois os planos em que o filósofo alemão se move. No primeiro, o niilismo é um fenômeno negativo, que indica a decadência do homem ocidental cujas origens remontam ao racionalismo socrático, à oposição entre "mundo das Idéias" (ou formas) e "mundo sensível", com a conseqüente depreciação desse último estabelecida por Platão; e ao cristianismo, definido como "platonismo para o povo", acusado de impor uma moral da renúncia e da submissão e de desvalorizar e mortificar a vida e os seus valores em nome, e na espera, de um ideal transcendente, uma salvação, uma redenção. Por outro lado, o niilismo é positivamente avaliado, reconhecido como um "método genealógico" que o próprio Nietzsche utiliza para demolir os ídolos da tradição, desmascarar as falsidades e imposturas dos valores e das verdades tradicionais, e cujo movimento anuncia a superação do homem e o advento do "além-do-homem" (ou do "super-homem", outra tradução possível, mas talvez não muito adequada, do termo *Übermensch*).

A atitude crítica de Nietzsche manifesta-se já no começo da sua produção intelectual, isto é, nas páginas de *O nascimento da tragédia* quando a imagem tradicional, e dominante, do classicismo grego — com as suas formas harmoniosas, simétricas, ordenadas, definidas — é posta sob acusação. Ela não representaria o apogeu de uma civilização, mas sim o momento final de uma profunda decadência, de um processo de esgotamento de toda força criativa. O espírito grego, diz Nietzsche, é efeito de uma luta e de uma oposição; é uma reação de defesa, representa a dura vitória de Apolo, o deus das belas formas, da luz e do equilíbrio, sobre Dionísio, a divindade orgíaca da desmedida, da ebriedade e da recusa da moral e da razão. A beleza e a simetria clássica constituem, em suma, a reação diante do insustentável universo dionisíaco; representam a vitória da "ilusão apolínea", a derrota do informe e do indistinto. A harmonia, a ordem, a serenidade dos gregos não são, portanto, origem, mas efeito. Resultam do poderoso esforço executado para superar o espanto dionisíaco, que foi tão intenso a ponto de gerar um violento contramovimento, ou seja, a imposição da medida apolínea do clássico.

Na grande tragédia grega de Ésquilo (525-456 a.C.) e de Sófocles (c.496-406 a.C.), o apolíneo e o dionisíaco — princípios constitutivos, contrapostos e meta-históricos — enfrentam-se e compõem-se. A síntese, porém, dura pouco e com as obras de Eurípides (480-406 a.C.) a tragédia morre. É a imposição de um novo ideal. É o *começo do niilismo*, da decadência e do declínio: o racionalismo otimista de Sócrates, a confiança no *logos*, o domínio do homem teórico, do sábio, abrem caminho para o platonismo, com a sua teoria dos dois mundos, e para o cristianismo.

A fase que começa no final dos anos 1870 é, de modo geral, considerada a época "iluminista" do pensamento nietzschiano, na qual se intensifica e se refina o labor de desmascaramento do chamado "mundo verdadeiro", dos valores e das verdades da metafísica. A "análise química" (neste sentido, *Humano demasiado humano* (1878) adquire um fundamental caráter programático) revela que valores, (pré)conceitos, motivações e o próprio conhecimento — postos como universais, puros e desinteressados — nada mais são que metástases de razões contingentes, ordinárias, mesquinhas, humanas. A polêmica contra a "doença histórica", a luta contra a tradição, os vínculos e os fardos de um passado asfixiante visam ao surgimento de um homem livre que, como se lê no aforismo 9 de *Aurora* (1881), "não possui vínculos, pois ele *quer* depender em tudo de si mesmo e não de uma tradição"; e têm por fim um universo emancipado, livre.

O simples exercício da razão não é suficiente, assim como não o é um movimento que visa apenas destruir ou desmascarar os valores da tradição. Ao filósofo de cunho kantiano, "operário da cultura" — que se limita a criticar o que existe em nome de um progressivo esclarecimento racional —, Nietzsche contrapõe o "filósofo legislador", cuja capacidade artística de criar novos valores (com a lúcida consciência de que *não* se trata de uma verdade mais verdadeira, mas sim, apenas, de uma nova fábula, um novo mito; de uma nova máscara que é reconhecida e assumida como tal) junta-se à crítica e ao desmascaramento do mundo da tradição.

No cume da dialética do iluminismo (*A Gaia ciência* é a obra em que ela se consome, e abre uma nova fase da reflexão nietzschiana) é preciso "impor" o *desmascaramento do desmascaramento*. Torna-se necessário renunciar definitivamente ao phatos da verdade, às (vãs) promessas consoladoras do mundo verdadeiro e afundar em um universo cômico e farsesco, salvífico e criador, no qual tudo é máscara.

A quarta seção ("Como o mundo verdadeiro se tornou fábula") do *Crepúsculo dos ídolos* (1888), é significativa. Delineia-se aí uma história do niilismo em seis etapas: Platão, o cristianismo, Kant, o ceticismo pós-kantiano e idealista, a abolição do mundo verdadeiro *e* do mundo aparente. Nesta última parte do labor de demolição reside a chave da solução, do remédio, do ultrapassamento nietzschiano do niilismo.

Veio o meio-dia: é tempo de Zaratustra e dos seus ensinamentos. Abolir o mundo aparente não significa eliminá-lo, aniquilá-lo, nem tampouco inverter a oposição, ou seja, substituir ao mundo ideal e aos seus valores já destruídos o mundo sensível, mas sim retirar-lhe o seu caráter de aparência (sem porém lhe atribuir, como é óbvio, o de verdade). Trata-se de dissolver o julgamento platônico-cristão — que depreciou *este* mundo e *esta* vida em nome de um além — de um algo totalmente outro, inalcançável porém redentor, e deste modo abrir caminho para uma nova concepção do sensível, da vida, da verdade. O mundo verdadeiro que se tornou uma fábula não é o que se definiu como "verdadeiro", ao qual se atribuía um valor próprio de verdade, o "pretenso" mundo verdadeiro, mas sim o mundo na sua inteireza. Não possuir mais um "critério de verdade", mediante o qual desvendar a fábula como aparência, ilusão e engano, não quer dizer apenas que a fábula não mais o é. Quer dizer que a noção de fábula não perde em absoluto o seu sentido, já que, de fato, ela proíbe atribuir às aparências que a compõem a força coercitiva que pertencia ao mundo dito "superior", o da transcendência e dos absolutos. Em outros termos: uma autêntica emancipação não se dá com a construção de novos âmbitos de verdade, mas sim mediante a dissolução da própria noção de verdade e da criação de novas fábulas (a verdade se pluraliza) que não se fundam em nada, ou melhor, que não encontram a sua validade e a sua legitimidade na crença em um fundamento ou princípio exterior. É neste horizonte teórico que se insere a "morte de Deus". Através de Philipp Mainländer (1841-76) — "Deus morreu e a sua morte foi a vida do mundo", escreveu em 1876, em *A filosofia da redenção*, que Nietzsche conhecia — chega-se ao famoso aforismo 125 de *A Gaia ciência* em que o louco anuncia o assassinato de Deus: "Deus morreu! Deus continua morto! E nós o matamos!"

A metáfora suprema, o sentido último pereceu; a verdade não existe, mundo ideal e mundo aparente se dissolvem, só há máscaras e a criação incessante de novos mitos. A consumação do "iluminismo" nos seus efeitos niilistas, porém, não encontrou ainda uma humanidade capaz de corresponder-lhe. É preciso, pois, que alguém lhe indique o caminho, vale dizer, Zaratustra, com os seus mitos e as suas máscaras. O começo dos discursos ("Das três metamorfoses") é, a um só tempo, diagnóstico e terapia, descrição e profecia. É uma espécie de "fenomenologia do mundo" na qual Nietzsche compreende a evolução de seu próprio pensamento. O espírito que se torna camelo, "animal de carga, suportador e respeitador", que carrega os pesados fardos da tradição; a sua transformação em leão e a revolta niilista. O leão, porém, não pode criar novos valores, mas pode criar para si a liberdade de novas criações. Ele pode conseguir essa liberdade e opor um sagrado "não" também ao dever. Por fim, a tão almejada "redenção", com o espírito que se torna criança. Ela é "inocência", "esquecimento", um "novo começo", uma "roda que gira por si mesma", um "movimento inicial". Para o jogo da criação, escreve Nietzsche, é preciso "dizer um sagrado 'sim'. O espírito, agora, quer a *sua* vontade, aquele que está perdido para o mundo conquista o seu mundo". As etapas "fenomenológicas" representadas pelas três metamorfoses são emblemáticas. O camelo e o leão avançam no deserto; e o deserto é o niilismo — condição histórica de um mundo decadente, que matou Deus e a Verdade, mas sem ainda conseguir medir as proporções do próprio ato e tirar dele todas as conseqüências. Qual o auspício de Nietzsche? A transformação em criança, a inocência do devir, o ultrapassamento da transição humana, o além-do-homem, o dizer "sim" ao eterno retorno, a criação de sempre novas (e caducas) máscaras, a vontade de potência.

O niilismo encarna-se no último homem — o que há de mais desprezível e que tudo apequena. O niilismo e o último homem devem ser ultrapassados: é preciso um contramovimento positivo cuja propulsão não pode provir do renascimento dos ideais gregos e humanistas, como pensava o jovem Nietzsche. Não substituir ídolos, não destruir para restaurar antigos valores intrinsecamente vinculados à decadência, mas sim criar valores totalmente novos, diruptivos e ultrajantes em relação aos ideais da tradição: eis o além-do-homem e do niilismo, figura do vaticínio de Nietzsche que com o eterno retorno e a vontade de potência constituem o problemático cume do seu "sistema".

Antes de encerrar esta parte é importante nos determos em uma série de formas de niilismo, delineadas por Nietzsche na derradeira fase de sua reflexão, cuja "aplicação" e interpretação constituem, ainda hoje, um imenso desafio para os estudiosos. Isso não significa, porém, que não seja possível adentrar-se, cuidadosa e resumidamente, nos seus escritos póstumos deixando-se guiar por uma linha exegética que, de modo geral, considera as descrições nietzschianas da maneira que vamos descrever a seguir.

O niilismo como "estado psicológico" é ainda um *niilismo incompleto* (não consumado, imperfeito), isto é, um movimento que se limita a demolir os antigos valores que logo são substituídos por outros sem que o caráter suprasensível, ideal e verdadeiro seja atingido. Em suma: o lugar da valoração, apesar da ruína, permanece, assim como continua a subsistir a oposição entre mundo verdadeiro e mundo aparente. No caminho em direção à consumação e ao ultrapassamento, manifestam-se: 1) o *niilismo passivo* — reação de defesa, motivo de ressentimento, regressão e declínio; incapacidade de avançar, de criar, de alcançar os fins almejados; e 2) o *niilismo ativo* — movimento que revela "um aumento da potência do espírito", promove e acelera o processo de destruição.

A fortíssima negatividade do niilismo se reverte em positividade quando junto com os valores é aniquilado também o mundo verdadeiro, são dissolvidos os princípios supremos e opressores e tudo se torna fábula, aparência. Trata-se do *niilismo extremo* ou *extático*: "Que não haja verdade; que não exista uma constituição absoluta das coisas, uma 'coisa em si' — isto mesmo é niilismo, ou antes é o niilismo extremo." É ao abrir caminho para a criação de novos valores, favorecendo a afirmação da vontade de potência, que o niilismo se torna, finalmente, um *niilismo completo* (*perfeito* ou *consumado*) e transforma-se em *niilismo clássico*. Um niilismo que Nietzsche, em um dos seus últimos fragmentos, reivindica para si quando toma a palavra como um espírito que arrisca e experimenta e que já uma vez se perdeu em "todo labirinto do futuro"; como "um espírito de pássaro profético que *olha para trás* quando narra o que virá"; como o "primeiro perfeito niilista da Europa, que porém já viveu em si mesmo, até o fim, o niilismo — que o tem atrás de si, abaixo de si, fora de si...".

Niilismo e "cultura da crise"

Incendiar idéias, valores e espíritos. Provocar uma impetuosa aceleração do movimento niilista por ele próprio descrito, diagnosticado. O impacto de Nietzsche na filosofia e na literatura do começo do século XX é violento. Quando se torna impraticável o percurso da dialética hegeliana é ele, o enigmático e feroz teórico do niilismo (e não, ainda, o pensador do eterno retorno e da vontade de potência), quem inspira a cultura da época engajada em rejeitar tanto a insídia de uma aspiração nostálgica à totalidade dialética perdida, quanto a adesão incondicionada à visão de mundo positivista.

Seguindo o seu pensamento, porém, não são apenas os valores supremos e os ideais grandiosos da modernidade a serem depreciados e destruídos, como a própria possibilidade de tentar superar o vazio de sentido que a explosiva atitude niilista não podia deixar de escavar. O niilismo estende as suas sombras e inflama as consciências; fornece o subsolo teórico para a formação de uma atmosfera cultural na qual se fundem vontade de poder, esteticismo, relativismo, transgressão, anarquismo.

Na Alemanha, por exemplo, o mito do super-homem e a destruição da tradição impregnam a ação de jovens poetas e romances inspirados nos seus temas alcançam grande repercussão. Como em *Nas purpúreas tênebras* (1895), de Michael Georg Conrad (1846-1927), onde se narra a história de um povo que, após o término de uma catastrófica guerra mundial, leva uma vida subterrânea totalmente artificial na qual apelos religiosos e místicos se misturam a um controle técnico-mecânico da existência. Nessa terra venera-se um único deus: o mártir Zarathustra-Nietzischki, cujo nome só pode ser pronunciado uma vez por ano. Outro exemplo é *A ilha de Páscoa* (publicado em 1895 e reeditado por cinco vezes, a última em 1908), de Adolf Wildbrandt (1837-1911): o protagonista é o Doutor Adler, águia em alemão, cuja tarefa é a criação do super-homem, em uma espécie de curral humano.

A maior propagação da visão niilista ocorre quando à influência de Nietzsche juntam-se os êxitos relativistas do historicismo. A crise agrava-se; a contestação, a depreciação, a destituição dos ideais da tradição abrem rachaduras cada vez mais profundas na concepção de mundo dominante até então. A vida reivindica a sua dimensão "outra", fora das formas que a haviam aprisionado, dos esquemas da cultura e da civilização que pretendiam representá-la, das opressoras e soberbas sínteses da razão. É a chamada "filosofia da vida" cujos traços, fortemente críticos das categorias interpretativas tradicionais, clamam por uma maneira de considerar a vida no seu nível mais originário, nas suas feições próprias, e não segundo modelos teóricos que, ao objetivá-la e reificá-la, impediam de compreendê-la na sua essência autêntica. Devem ser destacados, neste contexto, os efeitos niilistas, negativos e desencantados da reflexão tardia de Georg Simmel (1858-1918) que transparecem na sua última obra, *Intuição da vida. Quatro capítulos metafísicos* (1918).

A visão trágica do mundo e o pessimismo cultural foram extremados e ostentados por Oswald Spengler (1880-1936), em uma mistura de desejo de potência, despotismo intelectual e altivo desprezo, que se tornou uma referência importante para uma parte considerável dos movimentos surgidos no âmbito cultural alemão entre as duas guerras mundiais. Retomando a idéia de Heráclito (c.550-c.480 a.C.)

do perene fluir das coisas, Spengler elabora em *A decadência do ocidente* (1918-22) uma teoria cíclica da história em que as civilizações não são determinadas em seu instável devir por leis, *télos*, finalidades racionais, mas apenas por um ritmo orgânico: elas surgem, decaem e morrem. Não há um desenvolvimento linear e progressivo da história humana já que as civilizações não se enxertam umas nas outras — as derrotadas não sobrevivem na assimilação ou no desenvolvimento da triunfadora, mas sim tragicamente cumprem o seu ciclo vital de nascimento e morte. Com base na oposição entre vida e espírito, isto é, o elemento dinâmico de todo devir e o princípio cristalizador da forma e da racionalidade, Spengler sentencia o inelutável declínio da civilização ocidental cujas forças vitais, sufocadas pelas formas da cultura e da técnica, estariam próximas do total esgotamento. Não se trata de um processo casual nem de um curso que possa ser enfrentado e revertido. É um destino necessário, em que não existe chance de escolha ou recusa: não há nenhuma possibilidade de se opor aos acontecimentos, de evitar o advento da última barbárie que será precedida e anunciada pela época do cesarismo, de um novo *imperium* pessoal contra o qual o pessimismo de Spengler, elaborado para "homens de ação e não para espíritos críticos", "imagem do mundo no qual viver", representa a única e estéril forma de resistência moral.

Decadência, crise da razão e crítica da civilização são as expressões-chave que ajudam a entender os movimentos literários, filosóficos e artísticos que atravessaram e sacudiram a primeira metade do século XX na Europa. Tornava-se mais intensa e invasiva a sensação de que um ciclo estava terminando com a total dissolução da ordem e dos valores da sociedade e da moral tradicional. O esclarecimento devorou a si mesmo: as Luzes transfiguraram-se em trevas.

Na sua *Ética protestante e o espírito do capitalismo* (1904-05), Max Weber (1864-1920) fala do "manto sutil da racionalização", inicialmente a serviço do mundo da vida, que se tornou uma "calota de aço" sob a qual os últimos homens da moderna civilização ocidental correm o risco de se transformarem em "especialistas sem espírito e hedonistas sem coração". Em 1919, nas duas conferências de Munique (*A ciência como profissão* e *A política como profissão*), Weber descreve os efeitos do avanço da racionalidade científica: desencanto, recusa de toda fé, incapacidade de fundamentar valores últimos e escolhas de vida, politeísmo e verdades em conflito cujo antagonismo não pode ser racionalmente decidido. Na "noite polar de uma obscuridade e rigidez glaciais", na nossa era niilista e relativista o único caminho possível é o heroísmo do pensamento, o exercício radical da própria razão, sem deuses nem profetas, que não se submete a nenhum princípio heteronômico e assume a finitude do mundo no qual se mede o sucesso e o fracasso da existência.

Nos anos 1920 começa a apropriação nazista do pensamento de Nietzsche. A "literatura da crise" de língua alemã, por outro lado, enfrenta o corpo-a-corpo com o diagnóstico nietzschiano da decadência e, principalmente, do niilismo na tentativa de enfrentá-lo e superá-lo sem apelar para uma Razão em agonia, mas recorrendo à potência emancipacionista da arte. Alguns representantes dessa literatura são:

Thomas Mann (1875-1955), Robert Musil (1880-1941), Gottfried Benn (1886-1956) com o seu "quarto homem... O homem sem conteúdo moral e filosófico que vive para os princípios da forma e da expressão" como escreveu em *Nietzsche cinqüenta anos depois* (1950), e o reconhecimento da potência do niilismo, que deve ser vivido como "um sentimento de felicidade" e superado através de uma experiência estética e absolutamente individual; mediante a "arte, a única atividade metafísica à qual a vida ainda nos obriga".

Motivos niilistas perpassam e caracterizam de modo peculiar o pensamento francês pós-guerra. A reflexão de Jean-Paul Sartre (1905-80) é constantemente empenhada em confrontar-se com as grandes questões que o *nihil* inspira: sentido da existência, liberdade, engajamento, concepção da história. O homem "é aquele ente em que a existência precede e determina a essência": isso implica na negação e na dissolução de quaisquer idéias de Deus, princípios, valores heteronômicos. O homem é condenado a ser livre; é obrigado, no seu abandono, a inventar a sua própria vida. Ele não é uma realidade dada, mas uma possibilidade que deve se dar. É aquilo que a cada vez decide ser nas suas efetivas escolhas de vida. A liberdade, porém, não é algo abstrato. A sua imensa força, mas também a sua tragédia é que ela, o "para-si" — usando a terminologia de *O ser e o nada* (1943) —, está sempre inserido em uma situação determinada, lançado em uma condição, no mundo das coisas, do "em-si". Este choque condena o homem a uma nadificação do mundo e de toda referência externa na qual se apoiar, para afirmar unicamente a si próprio e a sua absoluta liberdade que, portanto, se funda em uma falta de ser, isto é, no nada. Na tentativa de se realizar o homem pretende, no fundo, ser Deus. No entanto, a idéia de Deus é contraditória porque aniquiladora, por excelência, de toda liberdade humana. Não há soluções, "critérios" para nos fundamentar. Escolher não faz sentido, a negatividade domina, o xeque é (quase) mate, "o homem é uma paixão inútil".

A mudança de caminho, que Sartre nunca deixará de seguir, não tarda a aparecer. Em sua conferência proferida no pós-guerra, *O existencialismo é um humanismo?* (1945, publicada um ano mais tarde), o filósofo defende-se das acusações de desengajamento e derrotismo, que sobretudo marxistas e católicos lhe imputavam, e mostra que a filosofia existencialista, mesmo com o seu fundo relativista e niilista, é capaz de propor uma regeneração dos valores a partir da "morte de Deus". Mas isso só é possível se o homem, ao invés de se perder em uma nostálgica busca de princípios, critérios e verdades inexoravelmente decaídos, reinventar os seus valores unicamente por força de si mesmo, mediante o seu engajamento e da sua liberdade.

Absurdo e revolta são os dois principais pólos da reflexão de Albert Camus (1913-60). No romance *O estrangeiro* (1942), a total indiferença, a inércia, a ausência de motivos, a falta de sensibilidade do protagonista (o homicídio do árabe, o amor, o falecimento da mãe, a detenção) revelam em todo o seu absurdo o confronto homem-mundo. A escandalosa gratuidade da existência, a sua essencial insensatez silenciam a esfera dos valores e da moral; abre-se espaço para a liberdade que, porém, se precipita de súbito na impotência ou na morte.

Suspenso no vazio da indiferença o estrangeiro é superado por Sísifo. No ensaio de 1942, Camus retoma o mito grego para responder ao desafio do sentido e do suicídio. Em um mundo sem deuses, a existência, absurda e gratuita, deve ser vivida sem motivos nem explicações, empurrando a rocha até o cume do monte, vendo-a despencar, e retomando o trabalho mediante uma decisão, um gesto artístico que enfrenta o absurdo e desvela a liberdade do homem diante do vazio no qual eternamente a precipita.

O homem revoltado (1951), além de apresentar uma interessante reconstrução histórica do niilismo, é o ensaio em que o autor tenta ir além do solipsismo de Sísifo: Prometeu é o novo herói. O absurdo transfigura-se em uma questão universal: é a injustiça, o caos, a desrazão do mundo. A revolta nasce da visão deste espetáculo; ela surge como única virtude possível, como o humano gesto que arranca um sentido do absurdo e permite ultrapassar o niilismo em um esforço solidário e fraterno: "Para além do niilismo" — escreve Camus — "nós todos, entre as ruínas, preparamos uma renascença." Na luz, o universo permanece como o nosso "primeiro e último amor", "a justiça está viva".

Príncipe da negação e do estilo, fulgurante teórico de um niilismo sem redenção, Emil Cioran, filósofo nascido na Romênia e radicado em Paris a partir de 1937, onde morreu, é um dos vultos mais importantes e expressivos do pensamento da crise do século passado. *Nos cumes do desespero* (1932), *Breviário de decomposição* (1949), *Silogismos da amargura* (1952), *A tentação de existir* (1956), *O inconveniente de ter nascido* (1973), *Esquartejamento* (1979) são alguns dos livros nos quais, através de aforismos, fragmentos e curtos ensaios, o mundo e a existência são dissecados com uma lucidez e um desencanto exemplar em que não há espaço para ídolos, esperanças, consolações. "Escrever é para mim pôr sob acusação", lê-se em uma anotação de 1964. Acusar, investigar, incriminar este mundo e o outro mundo, o infinito e o finito. Padecer a absoluta falta de sentido, o absurdo, a injustiça de uma existência à qual fomos precipitados sem querer. Um pensamento que diz "não" a tudo, também ao suicídio, última tentação, ilusão suprema de quem não tem razões para (sobre)viver nem para matar-se.

É possível, decerto, entrever nas obras de Cioran um vislumbre de resolução, uma via de fuga, uma proposta filosófica, que poderiam ser procuradas nas suas visões estéticas, na escritura, na perene "lição de perplexidade", na ironia corajosa, na solidão individual sem profetas nem remédios com os quais enfrentar a existência e o dilema da liberdade. Mas sustentando isso, talvez, se obscureça um traço essencial e abissal do pensamento do filósofo franco-romeno, ou seja, a insolúvel aporia do "e"; a coincidência dos opostos, o padecimento das contradições. Cioran: metafísico *e* niilista. Não resignado à carnificina do que se alça além do físico e do homem, do mundo e da história, mas artífice de uma redução a nada que enegrece o sangue, de uma niilificação apocalíptica mediante a escritura. O seu pensamento é um *niilismo metafísico*, que se afunda no mundo para denunciá-lo, humilhá-lo, aniquilá-lo com as armas da ironia, do desencanto, da dúvida, da lucidez, e, ao mesmo tempo, lamenta a perda do essencial, da unidade, do ser, invoca Deus (no pensamento ocidental, nome próprio do Infinito), o demônio, a idade de ouro, a inconsciência originária, um além do físico puríssimo e não corrompido. No entanto, o seu pensamento é também uma *metafísica niilista* que erige um sistema filosófico cujos tratados são os apedrejamentos de todo ir além, de cada crença, utopia, sentido, verdade.

Um aceno, por fim, ao francês Albert Caraco (1919-71), profeta de um niilismo solitário, raivoso, enclausurado em si mesmo, que se exprime por uma escrita rude que, com paroxística insistência, aprofunda-se no banal da morte e do caos, da história e da esperança, da castidade, da violência, do nada. Fiel à monástica e cotidiana disciplina da escritura, isolado, de uma sensibilidade reativa, o ensaísta e escritor acumula uma obra monumental que só foi parcialmente publicada depois da sua morte (*Minha confissão*, *Breviário do caos*, *Post mortem*...). Os anátemas do seu pessimismo metafísico são arrojados com tons proféticos contra o mundo, o homem, a história, dos quais arranca todo sentido e toda esperança: o ser, a natureza do universo nada mais é do que caos, indiferença, declinação do absurdo e do nada em todas as suas variações.

A linha do niilismo: Jünger e Heidegger

O confronto com Nietzsche nos cursos de 1936 a 1940, e a atenção, a preocupação com a experiência da negatividade vão provocar a irrupção do niilismo no vocabulário filosófico de Martin Heidegger (1889-1976), transformando-o em um conceito fundamental da sua reflexão. No "Discurso do reitorado" (1933) o filósofo cita Nietzsche lembrando a sentença da "morte de Deus", conclusão assombrosa de um lúcido diagnóstico do presente, e tese que leva a refletir "sobre este abandono do homem hodierno no meio dos entes". Em 1936, em um curso sobre Schelling, uma primeira indicação: Heidegger discute o fenômeno do niilismo e põe, de forma suficientemente clara, o problema do seu ultrapassamento. É nessa época que o desafio começa: o filósofo mergulha em uma intensa análise histórica e conceitual, que visa determinar o que é a metafísica, o que é o niilismo, e como eles se relacionam e definem a essência do Ocidente. Os momentos mais importantes desta análise são dois: o confronto com Nietzsche e, sobretudo, o diálogo com Jünger.

Na reflexão de Nietzsche, principalmente em sua última fase, Heidegger entrevê um motivo condutor que tece as suas doutrinas capitais (vontade de potência, eterno retorno, transvaloração, niilismo, além-do-homem) em uma trama homogênea ligada à tradição metafísica ocidental. Isolar um determinado aspecto do seu pensamento, mesmo que decisivo, e interpretá-lo a partir daí é uma operação insuficiente e reducionista: Nietzsche não é apenas um moralista ou um psicólogo, um pensador político e crítico da civilização ou um mero filósofo da existência, mas sim um filósofo "objetivo", "rigoroso", cujas doutrinas constituem a essencial e ineludível consumação da metafísica, pensada de forma abismal nos seus efeitos mais extremos.

É sabido que essa leitura heideggeriana é objeto de sérias controvérsias e não está isenta de problemas e inexatidões. De todo modo, o elemento que aqui deve ser ressaltado é relativo à profunda crise pessoal e filosófica que a experiência do niilismo nietzschiano desencadeia em Heidegger e à qual este tenta responder nos anos sucessivos.

Nesse cenário a contribuição de Ernst Jünger, com "Para além da linha", é decisiva. É mediante o confronto entre os dois pensadores que o niilismo se afirma e se consolida como categoria fundamental para a análise histórica e o diagnóstico da situação do mundo contemporâneo. Mais uma vez, o que está em jogo no empreendimento é a questão do seu ultrapassamento.

Nos ensaios dos anos 1930 — *A mobilização total*, *O trabalhador* e *Sobre a dor* — Jünger julga a crise dos valores e da civilização européia um momento de passagem, uma transição obscura e difícil, mas inevitável, rumo a uma diversa situação histórica na qual será um novo princípio do trabalho a pôr em movimento os recursos do planeta e a dar forma à realidade. A perda de sentido, o avanço da técnica, o vazio, a crise, ou seja, o niilismo não é considerado, portanto, um momento positivo (nem, de resto, algo totalmente negativo), mas sim uma confusa reação, marginal e ressentida, de quem ainda não percebeu o novo rumo nem as modificações por ele introduzidas e permanece patética e nostalgicamente ancorado nos ideais da tradição.

A mudança de perspectiva, porém, não tarda a manifestar-se: desde o romance *Nos rochedos de mármore* (1939) até o ensaio "Para além da linha", Jünger engaja-se em uma descrição dos abismos do niilismo, dos seus sintomas e dos seus efeitos. O fenômeno niilista é compreendido como o processo de desaparecimento dos valores, ubíquo e universal, planetário (e não apenas europeu, como queria Nietzsche), ao qual é contraposta, de uma forma até otimista, uma terapia dos males por ele produzidos. Esta consiste na defesa dos restritos, mas invioláveis, espaços da interioridade individual considerados o último baluarte de resistência possível. Jünger não ataca frontalmente os valores e as ordens da tradição, mas, antes, engaja-se em uma descrição que evidencia os processos de perecimento, perda e consumição — por ele denominados "redução" e "desaparecimento" — mostrando como corroem toda substância psíquica, espiritual, estética e religiosa, e também como aceleram a aproximação do término do niilismo. É por isso que é essencial compreender onde está a linha, onde e quando se dá o momento de atravessá-la, isto é, onde e quando acontece o ultrapassamento do niilismo.

Nos dois primeiros parágrafos de "Para além da linha" (1949) escrito por ocasião dos 60 anos de Heidegger, e publicado um ano mais tarde em uma coletânea em sua homenagem, os objetos da análise são Nietzsche e Dostoievski. Neles o "prognóstico é otimista", e o niilismo é visto não como uma conclusão, uma época última e mortal, mas sim como uma "era necessária no interior de um movimento que visa a escopos bem precisos", uma fase de um processo espiritual que o compreende em si. Fase esta em que não só a civilização no seu curso histórico, mas também o indivíduo "pode superar e exaurir em si mesmo, ou talvez cobrir com nova pele, como uma cicatriz". Impõe-se, pois, a interrogação sobre o estado deste movimento no qual ao otimismo e às suas respostas não se opõe o pessimismo, mas o "derrotismo", quando força, valores e capacidade de resistência pouco a pouco esgotam-se e paralisam-se: para todas as forças que querem difundir o terror, escreve Jünger, a divulgação da voz niilista representa o maior meio de propaganda. A "tensão niilista" é uma situação que aflige, atormenta e ameaça, mas que deve ser enfrentada e investigada na tentativa de se descobrir as formas de seu eventual ultrapassamento. O pensador alemão é muito claro: só o indivíduo pode assumir a responsabilidade dessa tarefa e a ele apenas pode ser confiada.

Mas antes de indicar uma terapia, esclarece Jünger, é preciso fazer um cerrado diagnóstico do niilismo, idéia "ubíqua" que "tornou impossível qualquer contato com o absoluto"; conceito "confuso e controverso, usado também para fins polêmicos", mas em que transparece "um grande destino, a influência de potência fundamental à qual ninguém se pode subtrair". Antes de tudo, é essencial excluir os fenômenos que se manifestam em concomitância com o niilismo ou são suas conseqüências e que, exatamente por isso, são quase sempre confundidos com ele. Trata-se dos três grandes âmbitos da doença, do caos considerado nos seus efeitos, do mal. Em síntese: o niilismo não é doença porque requer, e mais ainda, mostra-se com as feições da força, da saúde e do vigor; não é o caos uma vez que se harmoniza efetivamente com a ordem existente e utiliza-a para propagar-se; e, por fim, não é o mal porque, sobretudo quando há situações e lugares não atingidos pela insegurança, um não está associado necessariamente ao outro.

O mais perturbador e sinistro de todos os hóspedes entrou em nossas casas. Houve uma virada, diz Jünger, no entanto as massas ainda nada perceberam. Há, porém, sinais, sintomas (e não causas) que podem ser descritos. O primeiro, fundamental elemento que sobressai, é o "traço da redução". O mundo niilista é, na sua essência, um mundo reduzido que continua se reduzindo. A sensação dominante é a de reduzir e ser reduzido. Este processo "corresponde necessariamente a um movimento rumo ao ponto zero" e pode ser espacial, espiritual ou psíquico; pode ser relativo ao belo, ao bom, ao verdadeiro, à economia, à saúde, à política — "mas em definitivo será sempre percebido como um esvair". Outro sintoma é o "desaparecimento da maravilha": com ela esvaem-se não apenas as formas da veneração, mas também o espanto como fonte da ciência. O niilismo cresce e com ele aumenta a vertigem diante do abismo cósmico, o temor peculiar que se relaciona com o nada. Um dos signos mais interessantes (e de impressionante atualidade) deste processo é a crescente tendência para o particular, na atomização e na fragmentação. A esta atomização e fragmentação corresponde, no plano moral, o "recurso ao valor inferior": as inevitáveis irrupções em territórios já assolados pela depreciação dos valores supremos levam apenas a um ato de redução, por exemplo quando Deus é compreendido como o "bem" ou as "idéias circulam a esmo". Nascem, então, sempre novos sucedâneos: "religiões substitutivas", "apóstolos sem missão", visões de mundo. Uma vez destituídos os valores supremos, tudo, neste olimpo menor, pode ser (perigosamente) divinizado, receber um significado litúrgico: igrejas, seitas, partidos políticos. O desaparecimento opera, de uma forma planetária, também em outros campos, como no da arte e do erotismo, deixando atrás de si devastação, sordidez e desgosto. A queda de hierarquias imortais, com todas as suas conseqüências, não é uma novidade na história do homem, no entanto, observa Jünger, reservas poderosas e terrenos virgens sempre estavam disponíveis, ao contrário de hoje quando o desaparecimento, que é ao mesmo tempo também aceleração, simplificação, potenciamento e pulsão rumo a metas desconhecidas, "afeta o mundo inteiro".

O ponto zero — termo de referência cuja localização nos orienta e nos ajuda a compreender onde estamos e para onde vamos — aproxima-se. No ensaio, de uma forma bastante repentina, é ultrapassado. Jünger não explica com clareza esta passagem, como ela se dá. "Ultrapassamos o ponto zero", escreve, "... E isto traz consigo uma nova direção do espírito e a percepção de fenômenos novos." Estamos em um momento crucial. Com efeito, o confronto com Heidegger se concentra exatamente neste ponto; e o destino do niilismo está sob o domínio do meridiano zero e da exegese da linha. A partir do parágrafo 14 ("O niilismo se aproxima das metas últimas"), Jünger dedica-se a uma descrição positiva e otimista da situação tracejando as feições desses novos fenômenos. Neste sentido, é preciso deixar bem claro que para Jünger (ao contrário da leitura que Heidegger fará dele) o ponto zero ainda está no interior do niilismo; não é o seu termo, não representa o momento final do ultrapassamento, mas apenas uma (decisiva) fase sua. O atravessamento da linha, a passagem do ponto zero "*divide* o espetáculo". Ele indica o "ponto mediano, não o fim"; não dá segurança, mas torna possível a esperança.

No nosso tempo, na época em que o niilismo se tornou uma "condição normal", a interrogação fundamental que deve ser posta é: em que medida a linha foi ultrapassada? Jünger confia todas as suas esperanças no indivíduo, na força do espírito, nos baluartes interiores contra os apelos das igrejas, as ameaças do Leviatã e os mecanismos da organização total. Não se trata da nietzschiana transvaloração dos valores, mas de uma atitude de resistência que consiga conservar, no deserto que cresce, um oásis de liberdade (a amizade, a morte, o eros, a arte, o fazer poético); territórios que não pertencem à organização, jardins aos quais o Leviatã não tem acesso e em torno dos quais rodeia com raiva e impotência. É a "terra selvagem" o espaço do qual o homem pode esperar "não só de conduzir a luta, mas também de vencer".

A réplica de Heidegger é publicada em 1955, em uma coletânea em homenagem aos 60 anos de Jünger. No começo do ensaio, Heidegger esclarece que o seu labor não será em torno do "Para além da linha", do seu ultrapassamento, mas consistirá em uma meditação *sobre* a linha, em um estudo da própria linha (*über* não como "trans" *linea*, mas como "de" *linea*). Não se trata de descrever os sintomas do niilismo, nem de encontrar uma boa definição de niilismo. O fundamental é compreender a sua causa, isto é, a sua essência; tentar uma "localização da linha" e proceder mediante passos que se dão nos modos da "elucidação histórica, da meditação, e da discussão".

Aos olhos de Heidegger a análise de Jünger tem o grande mérito de mostrar o crescimento do niilismo e as suas relações com a técnica, a sua tendência planetária e o seu *status* de condição normal do nosso tempo. No entanto, ele a critica por uma razão decisiva: Jünger não pôde ir a fundo em sua análise uma vez que o seu pensamento ainda raciocina no horizonte (não questionado) do niilismo-metafísica, ou seja, do esquecimento do ser (esquecido porque está sempre identificado com o ente, com o objeto). A sua descrição limita-se aos sintomas do niilismo, à redução e ao desaparecimento dos valores, sem conseguir compreender as suas raízes mais profundas e a elucidar a sua lógica. Jünger não questiona o ser mas opera, como toda a tradição metafísica, no seu esquecimento e, já que neste esquecimento do ser não é mais nada, continua prisioneiro do niilismo que descreve e que pretenderia ultrapassar. Um passo atrás se impõe. Ao invés de tentar ultrapassar o niilismo é necessário consumá-lo, isto é, compreendê-lo na sua essência (metafísica). A pergunta essencial — em que consiste a consumação do niilismo? — não pode ser respondida, sublinha Heidegger, com o óbvio, ou seja, o niilismo será consumado quando tiver erodido todas as substâncias (recursos) e quando tiver se transformado em "condição normal" do nosso tempo. A condição normal, porém, "nada mais é que a *realização* da consumação": aquela é uma conseqüência desta. A consumação do niilismo, de resto, não é o seu fim, já que com ela "*se inicia* apenas a fase final do niilismo".

É necessário, diz Heidegger, não remover ou considerar resolvido o problema que a linha zero indica, mas dispor-se à sua apropriação, sem estimular a vontade, ainda metafísica, de ultrapassá-lo exatamente porque o niilismo é um evento que pertence à própria história do ser, ao seu mostrar-se e subtrair-se nas diversas aberturas histórico-epocais da metafísica; é efeito de uma oclusão da abertura originária do apresentar-se do ente no seu ser. A partir dessas análises emerge com suficiente clareza a convergência de Heidegger e Jünger sobre um ponto fundamental: criar éticas, virtudes e valores que possam nos orientar na era da técnica e do niilismo é perfeitamente inútil; reconhecer este "impasse" não quer dizer renunciar à responsabilidade ou enclausurar-se em uma desdenhosa rejeição do mundo e da ação. Ao contrário: significa abrir-se à máxima responsabilidade e ao supremo "dizer sim", assumir o niilismo em toda a sua abismalidade e enfrentá-lo face a face, sem desviar o olhar e sem nenhuma pretensão de expulsá-lo da realidade em que se fincou.

O pensamento pode apenas visar a efetivar um processo de *aceleração* do niilismo: uma "ação" na qual a análise de uma condição histórica e a descrição dos seus sintomas — a erosão, a redução e o desaparecimento dos valores (Jünger) — contribui para aumentar a velocidade do movimento niilista rumo à (sua própria) exaustão. O *nihil* atinge e contamina toda a realidade; não faz sentido reagir de uma forma puramente negativa e ressentida, procurando restaurar antigos valores (Heidegger). Compreender a essência do niilismo, de resto, significa não só retornar ao fundamento do seu acontecer, isto é, ao ser, como também experimentar, prolongar e continuar o seu curso em todas as suas possibilidades até a sua consumação essencial.

Mas, como sobreviver no vórtice do niilismo? Se Heidegger, mais cauteloso, parece não propor receitas nem pontos de apoio deixando apenas entrever o auxílio de uma paciência do pensamento, capaz de esperar um "outro começo" — na única atitude que conseguiria corresponder à época da técnica e do niilismo, isto é, a *Gelassenheit*, a atitude pacata do abandono — é Jünger quem oferece uma bela imagem de resistência individual ao niilismo. Trata-se do "Anarca", um solitário rebelde que luta contra todos — seitas, igrejas e estados — para conservar os seus "oásis interiores", as suas fontes de energia, engajando-se em um embate com o nada, o niilismo e as suas potências infernais, que só poderá revelar, com o triunfo do homem sobre o *nihil*, os tesouros que ele mantinha escondidos.

Política e niilismo

Desde o fim do século XVIII o niilismo insinuou-se na nossa história, não só em sua feição conceitual e filosófica, como também em seu mostrar-se no plano social e político. Dissolução, revolta, destruição são os fundamentos dos propósitos "niilistas" e das acusações dos seus adversários. Ordem, valores, sociedade, sistema político são os alvos de uma ação que raramente conseguiu escapar de uma *práxis* histórica meramente demolidora e revolucionária, muitas vezes raivosa e ingênua, estéril e elitista, utópica e violenta. Um movimento que, desde o populismo russo até o terrorismo do 11 de Setembro, tem sido ligado ao *nihil*, à difusão e popularização do termo "niilismo".

É da cultura francesa, especificamente das obras do reacionário saboiano Joseph de Maistre, que o pensador católico Franz von Baader (1765-1841) recebe o conceito de niilismo, ao qual se dedica em dois ensaios de 1824 (*Sobre catolicismo e protestantismo*) e 1826 (*Sobre a liberdade da inteligência*). Para ele, é o protestantismo — ao dar origem a um fenômeno dissolutivo das verdades sagradas, isto é, ao "niilismo científico, destrutivo" — que o catolicismo deve combater impondo novamente o próprio "conceito de autoridade no sentido eclesiástico, político e científico" e lutando contra todos os tipos de "dúvidas ou protestos, antigos ou novos". Em seguida, Von Baader refina a sua visão definindo o niilismo como "um abuso da inteligência destrutivo para a religião", um efeito do uso demasiado livre e desinibido da razão que é estigmatizado como sintoma de degeneração e desagregação do tecido civil, religioso e social. E se na atmosfera cultural da Revolução Francesa o termo niilista fora utilizado para indicar aqueles que não eram nem a favor, nem contra a insurreição, deve ser lembrada aqui a definição que circulava na França pós-revolução, na qual *nihiliste* ou *rienniste* é aquele que não acredita em nada, que não se interessa por nada.

Ao ir além do âmbito teórico, enxertando-se no tecido da sociedade e no debate político, o niilismo impregnou a cena cultural russa nas últimas décadas do século XIX. Agindo sobre grupos extremistas, anárquicos e libertários, passou a indicar um amplo movimento de rebelião social e ideológica, cujos expoentes contestavam os princípios e as ordens existentes, principalmente os ditados pela religião e pela metafísica da tradição. Mais rebelde e dogmático do que crítico e desiludido, o niilismo russo renegava o passado e condenava o presente, almejando um futuro abstratamente diverso sem possuir, porém, as forças (teóricas e práticas) para configurá-lo como uma alternativa possível, real e positiva. Individualismo, utilitarismo extremo, populismo radical, revolta contra o poder e a cultura dominantes: são estes os traços marcantes dessa forma de niilismo.

Entre os personagens mais significativos devem ser destacados Nikolaj Dobroljubov (1836-61) — com sua crítica ao imobilismo russo e à nobreza indiferente, apática e conservadora e o apelo à regeneração da sociedade mediante a arte e a literatura — e Dimitri Pisarev (1840-66). Assumindo totalmente a definição de niilista delineada em *Pais e filhos*, Pisarev pregava um materialismo cientificista e positivista, desprezava a arte e a religião para exaltar o individualismo, o cálculo, a ciência, o "útil". Tal atitude não podia deixar de levar ao niilismo, isto é, à negação de valores, normas e princípios estabelecidos.

Neste panorama teórico e perante o agravamento dos contrastes sociais e da repressão czarista, a revolta armada revolucionária encontra terreno fértil para a sua ação. Entre os grupos subversivos deve ser lembrada a "Organização", cujos membros se caracterizam por uma total dedicação, de cunho quase místico e ascético, ao povo e ao ideal revolucionário. A única grande tarefa dos "organizadores" é a de construir uma rede capilar de propaganda e recrutamento para a futura insurreição. Um grupo restrito, chamado "O inferno", é criado para executar atos terroristas e, principalmente, matar o czar.

O extremismo radical desses teóricos da revolução foi retomado por Michail Bakunin (1814-76) em uma fusão incendiária de idéias anárquicas, socialistas e utópico-libertárias. "Para vencer os inimigos do proletariado é preciso destruir, ainda destruir, sempre destruir", pois o espírito "destruidor" é ao mesmo tempo o espírito "construtor", repetia o revolucionário no qual Dostoievski se inspirou para a criação de Stavrogin, o "anjo negro" de *Os demônios*, e que se proclamava "fundador do niilismo e apóstolo da anarquia".

Rejeitando a violência revolucionária e o extremismo de Bakunin, ao quais contrapusera a moderação, a concretude e um humanismo derivado do culto da história e da cultura, Alexandre Herzen (1812-70) articulou uma forma positiva de niilismo. Embora tenha conseguido entrever os seus limites (a incapacidade de "propor novos princípios") e os seus perigos (a transformação de "idéias e fatos em puro nada", em "ceticismo estéril", em "desespero que leva à inércia"), ele considerou o niilismo um fenômeno construtivo, um movimento de transformação e emancipação. O niilismo, escreveu nas cartas de *A um velho companheiro* (1870), é a "lógica sem estrutura", é a "ciência sem dogmas", é a "incondicional obediência à experiência" e a aceitação das suas conseqüências, quaisquer que sejam, desde que surgidas da observação e requeridas pela razão. O niilismo não transforma "*algo* em nada, mas desvela que o *nada*, confundido com *algo*, é uma ilusão de ótica".

Nesse contexto é preciso acenar à reflexão de Vattimo — que fala explicitamente em "esquerda niilista" e em "socialismo niilista" — na qual se condensam os efeitos mais significativos de um "paradigma" niilista aplicado à política tal como é traçado, por exemplo, nos textos publicados em *Niilismo e emancipação* (2003). Os pontos centrais são: 1) a idéia de que a esquerda, na sua oposição ao liberalismo e à globalização, deverá fundar suas reivindicações no princípio da dissolução da violência, compreendida como afirmação peremptória última que, assim como qualquer fundamento metafísico-religioso, não admite interrogações ulteriores sobre o porquê, interrompe o diálogo, silencia; 2) a convicção de que é preciso resgatar a autonomia da política, libertá-la da economia e da esmagadora lógica do capitalismo. No entanto, restaurar a autonomia da política nada mais é que recuperar a substância ainda viva e atual da mensagem socialista. Não, certamente, o socialismo "real", "ideológico", metafísico e violento que desapareceu com a queda dos regimes do Leste europeu, mas sim um "socialismo niilista", capaz de preservar a autonomia e a dignidade da política, garantir o equilíbrio das diferenças, respeitar a multiplicidade.

O niilismo na filosofia contemporânea

No horizonte da crise contemporânea, o pensamento das últimas décadas (a partir dos anos 1960 até o limiar do terceiro milênio) sobressai, essencialmente, pela *pluralização* de vozes, teorias, análises, propostas que, uma vez assumida a perda do centro, buscam responder à crise deflagrada pelo niilismo. Autores e movimentos filosóficos de grande valor movem-se nesse cenário de idéias, do qual só será possível aqui examinar alguns pensadores contemporâneos, que pertencem ao âmbito cultural francês e italiano, e que têm se confrontado *de um modo mais intenso e direto* com o niilismo.

A França dos anos 1960 assiste à chamada "*Nietzsche-renaissance*", isto é, um renovado, intenso e crescente interesse pelo explosivo pensamento do filósofo alemão. Mais do que Georges Bataille (1897-1962) — cuja obra (especialmente a *Suma ateológica*, 1943-45, e *A parte maldita*, de 1949) encontra no niilismo, na negatividade, na transgressão, no desperdício um fio condutor de significativa importância —, é Gilles Deleuze (1925-95) quem dedica a Nietzsche e ao niilismo uma parte importante da sua extensa reflexão. Em *Nietzsche e a filosofia* (1962) é a afirmação da vida, o dizer sim dionisíaco, que sustentam o "pensamento trágico" em oposição ao "drama" (o negativo, a contradição, o ressentimento). O primeiro aspecto da sua caracterização é a oposição entre a dialética — como tentativa de mediar as contradições —, e a tragédia — como decidida recusa da mediação, da superação neutralizante que suprimiriam a diferença cuja afirmação é exigida pela filosofia pluralista nietzschiana. Para Deleuze, decididamente anti-hegeliano, o além-do-homem dirige-se contra a concepção dialética do homem, e a transvaloração contra a dialética da apropriação ou da supressão da alienação. Dizer não à mediação, com certeza, não significa afundar no pessimismo, no niilismo desesperado e reativo de quem se descobre sem saída, isto é, de quem não consegue ir além do negativo. Mais precisamente: a dialética, que se apóia no negativo para construir a afirmação como negação da negação, possui como seu elemento mais fundamental a contradição. Esta, no entanto, segundo Deleuze, não tem nenhuma relação com a tragédia. Em outros termos: a tragédia não é a negação da negação, isto é, não é uma contradição dialética, mas sim pura afirmação que extrai os seus recursos, a sua linfa vital, da aceitação do multíplice e atomístico devir da existência, sem mediação nem reconciliação, e não da superação do negativo. A contradição dialética é drama, negação e ressentimento, o trágico — que vê, heraclitianamente, a vida "como inocente e justa", a compreende "a partir de um instinto de brincadeira e faz dela um fenômeno estético" — é um "pensamento jocoso".

É com essa peculiar visão do trágico que Deleuze interpreta os conceitos de vontade de potência e eterno retorno. A vontade de potência não tem nada a ver com um "exercício de domínio" ou com um "querer o poder", nem sequer indica a consumação do niilismo, o último ato da metafísica-niilismo (Heidegger). Ela é, antes, um novo começo, que abre o caminho para um pensamento afirmativo. Vontade de potência é querer a pluralidade de forças que se afirmam como antagônicas, em perene luta entre elas e cujo movimento consegue ultrapassar tanto a ontologia da substância quanto as especulações niilistas da vontade única. A filosofia da vontade nietzschiana, conforme Deleuze, deve substituir a antiga metafísica: a destrói e a ultrapassa. Trata-se de um querer que não realiza e consome o trabalho do negativo, uma vez que não age a partir de uma falta de forças às quais pretende remediar, mas sim apóia-se na sua própria afirmação. É a potência (a multiplicidade, o dizer sim) a querer-se através da vontade e não a vontade a querer a potência: esta "é aquilo que quer na vontade. A potência é na vontade o elemento genético e diferencial"; por isso a vontade de potência é criadora. Contra o monismo metafísico de Hegel, Deleuze destaca a importância decisiva da teoria nietzschiana das forças e o seu caráter relacional no qual a diferença se emancipa, finalmente, do negativo. Toda força relaciona-se com outra sem pretender negá-la, mas afirmando apenas a sua diferença. Deleuze opera uma (problemática e criticada) distinção: há uma diferença quantitativa — a partir da qual as forças seriam definidas como dominantes ou dominadas — e uma diferença qualitativa, que determinaria forças ativas ou reativas. Dois pólos estariam presentes na própria vontade de potência; é tudo isso que permite avançar a idéia não apenas de um eterno retorno da afirmação absoluta da diferença (e não do mesmo), como a idéia do caráter *selecionador* do eterno retorno no qual apenas as forças ativas voltarão enquanto as reativas — do ressentimento, da negação e do espírito de vingança — desaparecerão.

A tentativa deleuziana de ultrapassar o niilismo se efetivará em outras duas obras essenciais. Em *Lógica do sentido*, de 1969, produzem-se séries e multiplicidades; elabora-se uma "filosofia do acaso" e da necessária contingência do sentido. Define-se o sentido como acontecimento, no significado mais abismal, afirmativo, precário e ontológico que nele é possível injetar. É em *O Anti-Édipo* de 1972, livro escrito com Félix Guattari (1930-92), que amadurece plenamente o percurso teórico de ultrapassamento do niilismo que havia sido esboçado em *Nietzsche e a filosofia*. É a pluralidade, nas feições da esquizofrenia, que se apresenta em toda a sua potência diruptiva: uma multiplicidade afirmadora que não é a esquizofrenia como mal, como patologia, mas como consumada afirmação do multíplice.

Os "quase-conceitos" forjados por Jacques Derrida nas últimas quatro décadas do século XX dão forma a um pensamento tão vasto quanto complexo. Limitando-nos aos elementos estritamente filosóficos do seu labor não há dúvida de que Derrida possa ser considerado profunda e radicalmente niilista ao se engajar, seguindo as pegadas de Nietzsche e de outros "mestres da suspeita", em uma obra de desmistificação e desmascaramento dos valores e das verdades tradicionais, das imposições de sentido, finalidade, princípio, "presença". A metafísica ocidental — e a sua história — está estruturada por contraposições binárias, dicotomias, conceitos opostos. Não é possível, segundo Derrida, tomar posição, estabelecer prioridades e transformar um destes termos em princípio ou fundamento da realidade. Nada pode funcionar como tal já que não há origem pura, simples presença, mas apenas contaminação e co-implicação indissolúvel e absolutamente indecidível. É impossível indicar, pôr um fundamento, um sentido, fundar a realidade em um princípio único e supremo: o forte impacto niilista dessa posição é evidente.

A desconstrução, de resto, não propõe teorias ou fundações: apenas mostra conexões, corrói as certezas de cada dicotomia, revela pontos de suspensão, molduras e margens. Não só trabalha com a inversão das oposições (gesto clássico da tradição metafísica), como, a um só tempo, evitando a cristalização de um novo conceito, opera um deslocamento, uma transgressão e uma expropriação. "Duplo gesto, dupla estratificação", diz Derrida em *Posições* (1972), um "duplo registro", uma "dupla ciência" que não desacredita — no entanto insiste no momento da inversão já que em toda oposição filosófica não se dá uma coexistência pacífica, mas sim um embate, um conflito e uma violência originária —, que se revela diante da decisão ou im-posição de uma primazia também axiológica, isto é, uma primazia de valores morais. É preciso por um lado intervir na hierarquia, inverter todo conceito tradicional, e, por outro, marcar a "*distância*, cuidar para que ele não possa ser *reapropriado*" em virtude da inversão e pelo mero fato da conceitualização. A desconstrução não é tão-somente uma crítica ou uma destruição, é uma "obra de amor", uma operação de destruição mediante a reconstrução dos equilíbrios, da arquitetura e dos "direitos" da tradição. Poder-se-ia dizer que, na verdade, ela nada destrói, limitando-se apenas a dissolver aparências, isto é, todo princípio, presença, origem, fundamento filosófico ou metafísico que nos é imposto. Isso ajuda a compreender a chamada "virada ética" da última fase do pensamento de Derrida, na qual o filósofo — também para rebater as acusações de ceticismo, negativismo e niilismo — percebe a urgência de um contramovimento de sentido. Tratando mais diretamente de justiça, direito, ética, política, alteridade etc., o filósofo elabora e discute uma série de questões ou "conceitos", tais como a aporia da decisão, o messianismo, a hospitalidade, o dom, o perdão, a amizade.

O niilismo como destruição e/ou extinção do sentido, como algo do qual é preciso ser libertado, remido — Jean-Luc Nancy parte dessa constatação nietzschiana para indicar um caminho que, excedendo o niilismo, possa levar para além dele. É necessário dar um sentido. A tarefa é essa, e deve ser absolutamente realizada, dado que ela não possui sentido algum. No limite mais extremo do niilismo, já existe algo que o excede e o supera e que nos aparece lá, afirma Nancy, rompendo com toda "lógica religiosa", "lógica do templo", da redenção, assim como com qualquer "lógica da vontade" — compreendida como força de um sujeito que dita a própria lei de formação e transformação. E esse dar sentido é a existência mesma; a existência que é "um dar sentido desprovido de todo sentido". O sentido, como se lê no ensaio de 1994 *Entre destruição e extinção*, "nunca está posto a *salvo*, nem tampouco *salva*. Mas não há nada que possa ser salvo: nada está perdido". Estamos sempre de luto, fincados no niilismo uma vez que a nossa relação com o sentido originário, com os deuses, com o fundamento, é uma relação de ausência, de perda, de desaparecimento. É sobre isso que é preciso abrir os olhos, diz Nancy, olhos que até agora ainda não foram abertos, embora sejam talvez os mesmos que se abrem em todas as épocas, para configurar um mundo novo, um mundo inédito. Olhos, e ouvidos, para ver e perceber um sentido que não é mais aquele que compreendíamos, para afirmá-lo ou recusá-lo.

O filósofo refina essas questões e esses conceitos ao longo da sua produção mais recente. Em *A experiência da liberdade* (1998), por exemplo, afirma que a existência, desvinculada de qualquer determinação, qualquer que seja a sua proveniência, do Ser ou do Sujeito, é a "essência", é o "sentido de si mesma". E a liberdade não é de forma alguma teórica ou abstrata, algo que possa ser dissecado, sistematizado, formulado de uma vez por todas em uma palavra, transfigurado em uma ideologia. Ao contrário, a liberdade apenas se experimenta, e "a existência é a experiência da liberdade da existência da essência" (do sentido, do fundamento). Entre as obras mais importantes de Nancy devem ser mencionadas *O imperativo categórico* (1983), *Um pensamento finito* (1990), e *Ser singular plural* (1996).

Na Itália, é nas obras pioneiras de Alberto Caracciolo (1918-90) e Luigi Pareyson (1918-91) que o niilismo, como horizonte para uma análise crítica do presente, adquire uma importância central recebendo as primeiras e densas formulações teóricas. O nosso tempo, o tempo que o destino nos confiou está "sob o signo do niilismo". "Signo de contradição" escreveu Caracciolo em *Pensamento contemporâneo e niilismo* (1976), em torno do qual se determina "a nossa salvação ou a nossa ruína", tarefa difícil e arriscada, mas por isso mesmo mais vinculadora e engajadora, na medida em que somos capazes de defrontar-nos "com o destino compreendido como destinação ética". O niilismo é o termo interpretativo último da situação histórica do homem contemporâneo, ou mais radicalmente: constitui um movimento "dialético, estrutural, do homem" que atinge não apenas a filosofia, como a literatura, a arte, a política, a música, a religião. Em Pareyson, é a existência que dissolve, niilisticamente, os pensamentos fortes da tradição, as pretensões fundadoras da metafísica e os princípios e as lógicas opressoras e excludentes da filosofia. É mediante a destruição do Ser e da Verdade metafísica que se abrem os horizontes para a manifestação da irrepetível singularidade da existência na qual se revela o ser e a verdade. Pareyson propõe uma teoria da interpretação, uma hermenêutica nem única, nem arbitrária, mas infinitamente multíplice em virtude da infinidade intrínseca que se refere tanto ao seu sujeito quanto ao seu objeto. Nesse contexto, devem ser ressaltados os traços da sua filosofia tardia que terão uma grande influência no pensamento sucessivo. A realidade é infundada, desprovida de sentido, absolutamente gratuita, vale dizer, ela é "originariamente livre". Delineia-se assim uma filosofia trágica, uma ontologia da liberdade que encontrará em Sergio Givone (n.1949) um dos seus maiores intérpretes.

Começando pela exposição da *Estrutura originária*, livro de 1958, Emanuele Severino formula uma "ontologia neoparmenidiana" que, exposta pela primeira vez no ensaio "Retornar a Parmênides" (publicado em 1964 e depois inserido em *Essência do niilismo*, 1972), não deixará de desenvolver-se e enriquecer-se nos anos seguintes. Em extrema síntese, os pontos centrais do pensamento de Severino são: a tese da eternidade e da necessidade do devir (e não de um ser divino), e um diagnóstico da civilização ocidental, de Platão ao mundo atual da técnica e da ciência, na qual é decisiva a categoria de niilismo. A *estrutura* originária e inconsciente da nossa civilização é a vontade de que o ente seja nada, isto é, a crença no devir, a convicção, niilista, de que todas as coisas estejam no tempo, de que tudo flui e nada permanece. É por isso que a civilização ocidental tem continuado por milênios a se fundamentar no niilismo ao qual tenta, inutilmente, remediar. Em outras palavras, o pensamento e o agir ocidental têm a sua razão metafísica mais profunda, e ontologicamente originária, na vontade que o ente seja nada, na crença no devir: pensar que as coisas estejam no tempo, que nasçam e morram, significa que elas surgem do nada e a ele retornarão, que elas são no presente, mas eram nada no passado e serão nada no futuro, que as coisas passadas não são mais e que as futuras não são ainda.

A metafísica, escreve Severino, é consentimento ao não-ser do ente. Afirmando que o ente não é — aceitando a inexistência do ente —, afirma que o não-nada é nada. "O pensamento fundamental da metafísica é que o ente, *como tal*, é nada." O ente é nada, e nós que acreditamos na existência do devir somos todos essencialmente niilistas. Afirmar a nadidade daquilo que é (do ente) é, porém, contraditório, e todo o Ocidente funda-se em uma contradição. Nós pensamos e vivemos as coisas como se fossem um nada. Para a civilização européia as coisas são nada: o sentido da coisa, que orienta a história do Ocidente, é a nadidade das coisas. "A essência da civilização européia é o niilismo", pois o sentido do niilismo é o de transformar as coisas em nada, é a "persuasão de que o ente seja um nada", e é o agir guiado e estabelecido por esta persuasão.

É importante destacar que a estrutura inconsciente na qual o Ocidente se fundamenta revela não só que a civilização ocidental é essencialmente niilista, mas também que ela é uma "civilização do remédio" atravessada e devastada por inúmeras tentativas de atribuição de sentido, por infinitas indicações de uma positividade, de um fármaco capaz de remediar o espanto, a maravilha e o terror, perante as coisas do mundo. Mas habitar o tempo significa neutralizar todo remédio, destruir o que Severino define como "Imutáveis", isto é, todas as figuras, as idéias, as formas, os valores gerados na tentativa de capturar o devir, cristalizá-lo e torná-lo previsível. Trata-se não apenas de um processo sociológico ou cultural, mas de um movimento cuja razão suprema reside na escolha metafísico-niilista para o devir e o tempo. A forma mais alta e profunda de niilismo é a técnica moderna cuja incontrolável vontade de potência orienta o agir do homem na convicção de que as "coisas do mundo" são nada, que podem ser fabricadas e destruídas, que podem ser produzidas (do nada) e aniquiladas (no nada). Uma vontade de potência que alça a técnica à altura de Deus, senhor da criação e da destruição, que é obrigado a dividir a sua onipotência com a técnica e a ciência, última forma de teologia assim como a teologia foi a primeira forma de técnica.

Gianni Vattimo é, com Pier Aldo Rovatti (n.1942), o fundador e maior teórico do "pensamento fraco": uma maneira niilista de se opor a todos os pensamentos absolutos, peremptórios, fortes da tradição metafísica e que se liga e se remete não só às filosofias de Nietzsche e Heidegger, como à hermenêutica de Hans-Georg Gadamer (1900-2002) e à pluralidade de vozes provenientes do arquipélago pós-moderno. "Apologia do niilismo" é o título de um importante capítulo de *O fim da modernidade*, publicado em 1985. O que ali está se louvando, obviamente, é o niilismo "completo", ou "consumado", de cunho nietzschiano, em que se assume a perda da verdade e o fim dos valores supremos e que dessa perda e de tal fim extrai a força para se tornar o pressuposto e o movente de um processo de libertação e criação. O nosso tempo e a nossa cultura, afirma Vattimo, não são ainda radicalmente niilistas; e essa é a razão da crise, do profundo mal-estar em que mergulham e da qual não conseguem sair. O niilismo é uma condição na qual nos encontramos, na qual estamos colocados. Ele "existe em ato", não pode ser medido, não se pode fazer o seu balanço. No entanto, "pode-se e deve-se procurar compreender em que ponto se encontra, em que nos concerne, a que opções e atitudes nos convoca". O signo que nos indica as coordenadas da nossa posição no niilismo, dentro e diante dele, provém de uma "figura" nietzschiana: o niilista consumado; aquele, escreve Vattimo, que compreendeu que o niilismo "é a sua (única) chance".

O acontecimento que, hoje, marca a nossa relação com o niilismo é o de que começamos a ser, e a poder ser, niilistas consumados. E o niilismo é a nossa única chance porque a morte de Deus e a perda da verdade são "fatos" extremamente positivos. É necessário, portanto, acolher todos os seus efeitos, até os mais assombrosos, e assumir radicalmente todas as suas conseqüências sem se render — não somente às tentações do niilismo reativo, da paralisia e do ressentimento, bem como às de um relativismo estéril ou de um ceticismo inconcludente. Só assim será possível intervir no mundo e indicar "fracamente" valores éticos e políticos, ou seja, valores que não pretendem ser definitivos, absolutos, peremptórios e violentos exatamente porque provêm de uma concepção niilista, e também hermenêutica, interpretativa, do mundo e da existência.

Leituras recomendadas

• As obras fundamentais para compreender o conceito de niilismo e a sua história foram citadas ao longo do livro. Destacaremos aqui, portanto, somente alguns livros de caráter *introdutório*, que consideramos imprescindíveis para o estudo sobre o tema:

Ávila, Remedios. *El desafío del nihilismo*. Madrid, Trotta, 2005.

O livro tem o mérito de focalizar as questões e os desafios do niilismo em suas profundas conexões com a tradição metafísica ocidental.

D'Agostini, Franca. *Lógica do niilismo*. São Leopoldo, Editora da Unisinos, 2002.

Livro de grande fôlego em que a autora se engaja em uma laboriosa reconstrução histórica com o propósito de fundamentar a sua (no mínimo discutível) hipótese: o niilismo nada mais seria que um mero efeito lógico-lingüístico, especificamente ligado à natureza matemática da linguagem e à natureza lingüística da matemática. Todos os problemas a ele vinculados, como D'Agostini explicitamente declara, encontrariam, pois, uma explicação e uma solução em uma perspectiva lógico-lingüistica.

Vercellone, Federico. *Introduzione a "Il nichilismo"*. Roma-Bari, Laterza, 2001.

Texto acessível, com boa bibliografia, que faz parte da famosa coleção "I filosofi" publicada pela editora italiana Laterza. Devem ser destacados os dois capítulos finais ("Niilismo, secularização, teologia" e "Niilismo, estética, vanguardas artísticas").

Volpi, Franco. *Il nichilismo*. Roma-Bari, Laterza, 2ª ed. atualizada, 2004.

Trata-se de um volume essencial, que reconstrói a história do conceito de niilismo e os seus problemas de maneira clara, documentada e filosoficamente rigorosa. Contém uma bibliografia atualizada e completa tanto das obras dos autores examinados, quanto dos estudos dedicados ao tema, principalmente do âmbito cultural alemão, italiano e francês. Existe uma tradução parcial da primeira edição, publicada pelas Edições Loyola em 1999, com o título *O niilismo*.

• Entre as coletâneas sobre o niilismo devem ser destacadas as seguintes, pelo caráter ao mesmo tempo conceitual e histórico dos escritos apresentados e pelo valor dos seus autores (como, por exemplo, Leo Strauss, Jean-Luc Nancy, Jacob Taubes e Gianni Vattimo):

Esposito, Roberto, Carlo Galli e Vincenzo Vitiello (orgs.). *Nichilismo e politica*. Roma-Bari, Laterza, 2000.

Leyenberger, Georges e Jean-Jacques Forte (orgs.). *Traversées du nihilisme*. Paris, Osiris, 1993.

Mattei, Jean-François (org.). *Nietzsche et le temps des nihilismes*. Paris, PUF, 2005.

"Nichilismo e nichilismi", *Riscontri*, número especial da revista, Avellino, 1981.

• Relativamente ao cenário filosófico contemporâneo assinalamos:

Bodei, Remo. *A filosofia do século XX*. São Paulo, EDUSC, 2000.

Delacampagne, Christian. *História da filosofia no século XX*. Rio de Janeiro, Jorge Zahar, 1997.

Rovatti, Pier Aldo. *Introduzione alla filosofia contemporanea*. Milão, Bompiani, 1999.

Sobre o autor

Rosário Rossano Pecoraro é formado em filosofia pela Universidade de Salerno (Itália) e mestre e doutor em filosofia pela Pontifícia Universidade Católica do Rio de Janeiro (PUC-Rio). É professor do Departamento de Filosofia da Universidade Federal do Estado do Rio de Janeiro (UNIRIO) e coordenador do "Fórum Krisis" de Filosofia, Humanidades e Ciências Sociais. Ensaísta e jornalista publicou, entre outros, *La filosofia del voyeur. Estasi e scrittura in Emil Cioran* (Il Sapere); *Niilismo e (Pós)Modernidade* (Editora PUC-Rio/Edições Loyola); *Cioran, a filosofia em chamas* (EDIPUCRS); *Metafisica e poesia nel ensiero di María Zambrano* (in: *Metafisica 2003*, Idente); *Niilismo, metafísica, desconstrução* (in: *Às margens: a propósito de Derrida*, Editora PUC-Rio/Edições Loyola). Poesias suas aparecem em Segni d'Autore (MPE). Foi assessor de direção do "Instituto de Altos Estudos em Humanidades" do Centro de Teologia e Ciências Humanas da Pontifícia Universidade Católica do Rio de Janeiro (IAEH/PUC-Rio). Atualmente as suas áreas de atuação e de pesquisa são: pensamento contemporâneo, estética, filosofia e teatro, teoria política, comunicação e cultura.

Coleção **PASSO-A-PASSO**

Volumes recentes:

CIÊNCIAS SOCIAIS PASSO-A-PASSO

O negócio do social [40],
Joana Angélica Barbosa Garcia

Origens da linguagem [41],
Bruna Franchetto e Yonne Leite

Antropologia da criança [57],
Clarice Cohn

Patrimônio histórico e cultural [66],
Pedro Paulo Funari e Sandra de Cássia Araújo Pelegrini

Antropologia e imagem [68],
Andréa Barbosa e Edgar T. da Cunha

Antropologia da política [79],
Karina Kuschnir

Sociabilidade urbana [80],
Heitor Frúgoli Jr.

Pesquisando em arquivos [82],
Celso Castro

Cinema, televisão e história [86],
Mônica Almeida Kornis

FILOSOFIA PASSO-A-PASSO

Estética [63], Kathrin H. Rosenfield

Filosofia da natureza [67],
Márcia Gonçalves

Hume [69], Leonardo S. Porto

Hannah Arendt [73],
Adriano Correia

Schelling [74], Leonardo Alves Vieira

Niilismo [77], Rossano Pecoraro

Kierkegaard [78], Jorge Miranda de Almeida e Alvaro L.M. Valls

Filosofia da biologia [81],
Karla Chediak

Ontologia [83], Susana de Castro

John Stuart Mill & a liberdade [84],
Mauro Cardoso Simões

Filosofia da história [88],
Rossano Pecoraro

Teoria do conhecimento [91],
Alberto Oliva

PSICANÁLISE PASSO-A-PASSO

Psicanálise com crianças [75],
Teresinha Costa

Feminino/masculino [76],
Maria Cristina Poli

Cinema, imagem e psicanálise [85],
Tania Rivera

Trauma [87],
Ana Maria Rudge

Édipo [89], Teresinha Costa

A psicose [90], Andréa M.C. Guerra

A angústia [92], Sonia Leite

Educação e psicanálise [93],
Rinaldo Voltolini

Os outros em Lacan [94],
Antonio Quinet

A paixão [95],
Marcus André Vieira

Histeria: o caso Dora [96],
Nadiá Paulo Ferreira e Marcus Alexandre Motta